CABRIO-BUGGY-FAHREN (G 2) | Im Ravensburger Stadtteil Dürnast können FunCars gemietet werden, mit denen man zu einer luftigen Tagestour am Bodensee starten kann. Es gibt drei verschiedene Typen zur Auswahl, die unterschiedliche PS-Stärken besitzen. Zum Mieten der 2-Sitzer-Cabrio-Buggys benötigen Sie einen Führerschein der Klasse B, ein Helm ist nicht erforderlich, eine Sonnenbrille wird empfohlen!
Die Fahrten finden nur bei gutem Wetter statt. Die Mitarbeiter geben gerne Ausflugstipps!

Bodensee Cabrio FunCar
Bodenseestraße 10
D-88213 Ravensburg, OT Dürnast
+49 176 57940218

QUAD-TOUR (C 2) | Die geführten Quad-Touren machen Spaß und bringen einen On- und Offroad an wunderschöne Plätze rund um den Bodensee. Nach einer kurzen Einführung auf dem Übungsgelände in Allensbach können die Touren starten. Es werden verschiedene Touren angeboten: Von der 2-stündigen Schnupper-Einführungs-Quad-Tour bis zur Ganztagestour. Auch Action-Pakete sind erhältlich wie z. B. Quad- und Wakeboard-Tour, Quad- und Kanu-Tour oder Quad-Tour und Klettergarten. Alle Touren sind für geübte und ungeübte Fahrer mit einem Führerschein der Klasse B oder C geeignet.

Quad STOP Bodensee
Zum Riesenberg 15
D-78476 Allensbach
www.quad-stop-bodensee.de

SEGWAY-TOUR (E 2) | Die klassische Segway-Tour führt uns von Hagnau über Immenstaad nach Meersburg. Dabei starten Sie in östlicher Richtung und kommen zu einem der schönsten Bodenseehäfen in Immenstaad. Den Hafen und die Seebrücke können Sie zu Fuß erkunden. Von Immenstaad geht es ins Hinterland, wo u. a. Wein und Obst angebaut werden. Nach einer kurzen Offroad-Strecke gelangen Sie zum Hafen in Meersburg. Hier wird eine Pause eingelegt, bevor es zurück nach Hagnau geht.

SEILPARK GRÜNDENMOOS (E 4) | Im Hochseilgarten können Sie sich auf verschiedenen Parcours in vier bis 30 Meter Höhe zwischen den Baumwipfeln bewegen. Die sieben Parcours haben verschiedene Schwierigkeitsgrade, sodass Anfänger sowie Profis auf ihre Kosten kommen. Im Kinderland können Kinder schon ab drei Jahren klettern. Der Flying-Fox-Parcours bietet eine besonders lange Seilbahnfahrt am Ende.
In Gründenmoos werden außerdem Tennis und Fitnesskurse angeboten.

Gründenmoos
Gründenstraße 34
CH-9015 St. Gallen (SG)
https://saentispark-freizeit.ch/sport-spiel/seilpark/

Stockach

STADT
MUSEUM
STOCKACH
Geschichte erleben.
Terrakotten bestaunen.
Kunst entdecken.
Salmannsweilerstr. 1 · 78333 Stockach
Tel. 07771 80230 · www.stadtmuseum-stockach.de

KOMPASS
Wanderführer • Extra-Tourenkarte 5606
Bodensee
75 Touren
2in1
KOMPASS
www.kompass.de

KOMPASS

1c

Bodensee

Gesamtgebiet

AKTIV GUIDE

- Outdoor Themen
- Wandertouren
- Detailkarten

DIGITALE WANDERKARTE

Karte in der App freischalten

Den Kartenbereich der gekauften Wanderkarte in der **KOMPASS Wanderkarten-App** freischalten:

1. App herunterladen und anmelden

Die Wanderkarten-App im App Store oder in Google Play herunterladen und über die App oder über **www.kompass.de** anmelden.

2. Karte freischalten

Auf **www.kompass.de/app/karte** kann die Karte mit dem Code freigeschalten werden.

3. Karte herunterladen

Der Kartenbereich kann jetzt in der App gratis heruntergeladen und offline genutzt werden.

Code:

978-3-99121-475-5

Alle Wanderkarten von KOMPASS nutzen:

KOMPASS PRO

RATGEBER

Für einfache Orientierung mit der App

IMMER WISSEN, WO MAN IST

Die Orientierung ist auf der digitalen Karte dank GPS ein Kinderspiel. Ein roter Punkt zeigt den aktuellen Standort und mit einem Pfeil in die Marschrichtung.

GLEICHES KARTENBILD

Wanderkarten und die Wanderkarten-App sind eine perfekte Ergänzung. Eine gedruckte Wanderkarte sollte zur Sicherheit immer dabei sein. Die KOMPASS Karte besitzt das gleiche Kartenbild wie in der digitalen Form. Damit lässt sich perfekt mit beiden Medien arbeiten.

PRAKTISCHES FORMAT

Eine Wanderkarte bietet eine perfekte Übersicht über eine Region. Während einer Wanderung bietet die digitale Karte den Vorteil des handlichen Smartphone-Formats. Es kann einfach in die Hosentasche gesteckt werden und ist somit immer griffbereit.

SKALIERBAR

Während eine gedruckte Wanderkarte einen fixen Maßstab besitzt, kann die digitale Karte vergrößert werden, um Details besser ablesen zu können.

LIVE SIGNAL UND AUFZEICHNEN

Mit der KOMPASS App können die Touren aufgezeichnet werden oder zur Sicherheit mit anderen Live geteilt werden.

INHALTSVERZEICHNIS

Zeichenerklärung Wandertouren

- Streckentour
- Gehzeit
- Rundtour
- Höhenmeter Aufstieg
- Länge
- Höhenmeter Abstieg

DIE REGION

Für wanderbare Wunderwelten

Der Bodensee ist ein klassisches Urlaubsgebiet im Herzen Europas, der dank des milden Klimas an 365 Tagen den Urlaubern mit vielen Attraktionen und Erlebnissen lockt. „Das Schwäbische Meer", wie der Bodensee auch genannt wird, ist nach dem Genfer See und dem Plattensee der drittgrößte See in Mitteleuropa. Drei Länder sind an seinem Ufer vertreten: Deutschland, Österreich und die Schweiz, wobei Deutschland den größten Anteil vom Uferumfang besitzt, gefolgt von der Schweiz und Österreich.

Der 571,5 km² große See gliedert sich in verschiedene Gewässer: Den Obersee (der von Bregenz bis in die Gegend von Meersburg reicht, nordwestlich davon jedoch Überlinger See genannt wird) und den durch den „Konstanzer Trichter" davon abgetrennten Untersee, der seinerseits den Gnadensee (nördlich der Insel Reichenau), den Zeller See (die Bucht von Radolfzell) und den Rheinsee (im Südwesten) umfasst. Im Mittel glitzert der Spiegel des Obersees auf 395 m Seehöhe; die durchschnittliche Tiefe beträgt 85 m, der tiefste Punkt liegt jedoch 254 m unter der Wasseroberfläche. Kompliziert verhält es sich da und dort auch mit den Wasserlieferanten: Von Süden strömt der in der Schweiz entspringende Alpenrhein in den Bodensee, dem er bei Konstanz als Seerhein entkommt, um schon nach 4 km den Untersee zu speisen.
Die Orte am Bodensee bieten Erholung inmitten einer wunderbaren Landschaft, die zahlreiche Naturwunder birgt und auf Schritt und Tritt an eine facettenreiche Vergangenheit erinnert: An die Ausformung des Seebeckens und seiner Begrenzungshöhe durch gewaltige Gletscher, an die Kultivierung der sanften und fruchtbaren Landschaft von den Pfahlbau-Bewohnern der Steinzeit bis zum heutigen Riesen-Gemüsegarten auf der Bodenseeinsel Reichenau, an die Bedeutung der Burgen und die Macht der freien Reichsstädte.
Zum Kulturgut der Bodenseeregion zählen natürlich auch die zahlreichen Dörfer, von denen sich einige zu bekannten Tourismusorten entwickelt haben; andere bewahrten sich ihr ländlich gemütliches Flair. In vielen Gebieten um den Bodensee wird auch Wein angebaut. Die gewaltige Wassermasse des Sees beeinflusst das Klima so günstig, dass an vielen Stellen über dem Ufer Rebstöcke gedeihen. Somit befindet sich hier das höchstgelegene deutsche Weinbaugebiet – in Höhenlagen zwischen 400 m und 560 m. Angebaut werden vor allem die Rebsorten Spätburgunder, Müller-Thurgau und Weißburgunder, aus denen so mancher ausgezeichnete Tropfen gekeltert wird. Infos unter: www.bodenseewein.de. (Text: Wolfgang Heitzmann)

ACTION

Für mutige Abenteurer

Die Bodenseeregion hat einiges an Action zu bieten. Die beliebte Wassersportart Windsurfen kann an vielen Orten ausgeübt werden. Das Kitesurfen ist nur eingeschränkt möglich (Infos unter: www.spotnetz.de/Bodensee). Andere Wassersportarten können z. B. in Friedrichshafen oder Konstanz betrieben werden. Motorisierter Spaß bietet ein Ausflug mit dem Cabrio-Buggy, einem Quad-Bike oder ein Zeppelin-Flug. Mit dem Elektroroller kann man die Region ganz ohne Motorengeräusche genießen. Und im Seilpark Gründenmoos kommt der Adrenalin-Kick allein aus der Muskelkraft.

ZEPPELIN-FLUG (G 2) | Ein atemberaubendes und wunderschönes Erlebnis ist ein Flug mit dem Zeppelin! Bei leise surrenden Motoren schwebt der schwerelose Gigant durch die Luft. Nach wenigen Minuten ist die Flughöhe von ca. 300 Metern erreicht. Aus dieser Perspektive lassen sich viele Details rund um den Bodensee erkennen. Wer mag, darf auch dem Piloten über die Schulter schauen.
Es werden 13 Routen mit jeweils 30 bis 120 Minuten Flugdauer angeboten.
Direkt im Zeppelin-Hangar gibt es ein Restaurant mit internationalen Spezialitäten.

Deutsche Zeppelin-Reederei
Messestraße 132
D-88046 Friedrichshafen
www.zeppelinflug.de

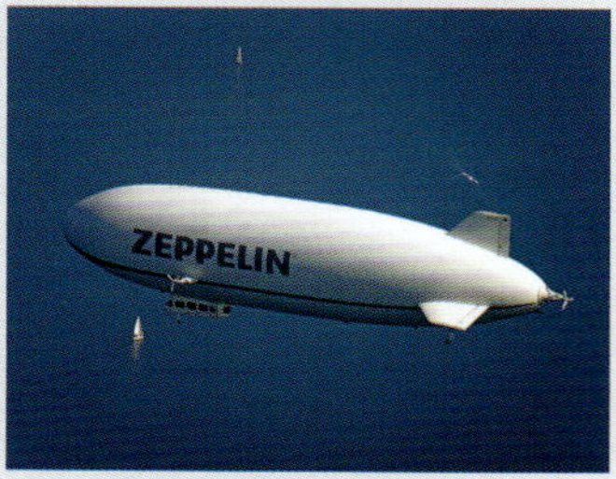

WASSERSPORT | In den meisten Strandbädern am Bodensee können verschiedene Wassersportarten ausgeübt werden. Das Strandbad Friedrichshafen bietet neben Wasserski-, Tube- und Bananaboatfahren auch Stand-Up-Paddling (SUP), Schnuppertauchkurse und den Verleih von Tretbooten.
Im beliebten Strandbad Horn („Hörnle“) bei Konstanz werden nicht nur SUP-Touren, sondern auch SUP-Fitness-Kurse angeboten.

Strandbad Friedrichshafen (F 2)
Königsweg 21
D-88045 Friedrichshafen
www.wasserspass-bodensee.de

Strandbad Horn (D 2)
Eichhornstraße 100
D-78464 Konstanz
www.hoernle-konstanz.de
www.sup-horn.de

Bad Waldsee

Wasser, Wärme, Wohlbefinden...
Badelandschaft: verschiedene Innen- und Außenbecken, Whirlpools, Sprudelliegen, Strömungskanal.
Saunawelt: fünf verschiedene Saunen, großzügige Ruheräume und idyllischer Saunagarten.
Aktuelle Infos auf unserer Homepage
GESUNDHEITSZENTRUM WALDSEE-THERME
www.waldsee-therme.de
Bad Waldsee Therme

KOMPASS
KOMPASS
Radreiseführer
Bodenseeradweg
Genussmomente und lohnenswerte Schlenker für Reise-Radler und E-Bike-Entdecker
eBike GEEIGNET · GPX-Daten zum Download · Extra Karte · passend für die Lenkertasche
www.kompass.de

AKTIV

Für vielseitigen Freizeitspaß

Wer sich am Bodensee fit halten möchte, kann das auf verschiedene Weise tun. Schwimmen und Kanufahren gehören zu den beliebten Wassersportarten. Auch Segler kommen auf ihre Kosten. Infos und Segelschulen finden Sie hier: www.der-bodensee.de/wassersport/. Es gibt auch sehr schöne Wanderwege, Spaziergänge durch Obstplantagen und Weinberge oder wie wäre es mit einer Radtour auf dem Bodenseeradweg? Ein Tourenportal für Wander-, Rad- und Mountainbiketouren finden Sie hier: https://touren.bodensee.eu/de/.

BODENSEERADWEG | Der Bodenseeradweg ist ein ca. 270 km langer Radweg rund um den Bodensee. Der Weg ist in allen Ländern einheitlich mit einem Radler mit blauem Hinterrad beschildert. Er ist in acht Etappen eingeteilt und wird im Uhrzeigersinn geradelt. Die erste Etappe startet in Konstanz, er kann aber natürlich überall gestartet und in beliebigen Teilstücken gefahren werden. Rund um den Obersee und auch um dem Überlinger See ist der Radweg meist flach und somit sehr gut für Kinder geeignet. Nur am Untersee gibt es ein paar wenige Steigungen.

Infos: Bodensee-Tourismus Service
Fritz-Arnold-Straße 16
D-78467 Konstanz
www.bodensee-radweg.de
www.bodensee-radweg.com

KANUFAHREN | Das KanuZentrum Konstanz bietet nicht nur die Vermietung von Kanus und Kajaks an verschiedenen Stationen rund um den Bodensee, sondern auch Kurse und Touren an. Eine Kanu- oder Kajaktour kann ohne Erfahrung nach einer kurzen Einweisung gestartet werden und ist auch ein schöner Ausflug für Familien.

Mit dem Boot kann man die zahlreichen landschaftlichen, kulturellen und touristischen Highlights des Bodensees entdecken. Die Ausrüstung (wie Schwimmwesten etc.) wird gestellt.

Das KanuZentrum bietet außerdem Stand-Up-Paddling-Kurse und -Touren an.

La Canoa – KanuZentrum Konstanz
Robert-Bosch-Straße 4 B
D-78467 Konstanz
www.lacanoa.com

ABENTEUERPARK IMMENSTAAD (E 2) | Der AbenteuerPark Immenstaad öffnete im Jahr 2003 seine Pforten und war damit der erste Kletterpark Deutschlands! Er bietet 12 Kletterparcours mit ca. 180 Stationen zwischen den Bäumen in vier bis 15 Metern Höhe. Des Weiteren gibt es zwei Kids-Parcours für Kinder ab drei Jahren mit dem Thema „Musik in den Bäumen". Im Bistro können sich Kletterer nach dem Abenteuer mit Speisen und Getränken stärken.
Die selben Inhaber betreiben auch den AbenteuerPark Kressbronn (G 3; Im Eichert 6, D-88079 Kressbronn a. B.).
In beiden Parks kann auch Bogenschießen ausgeübt werden.

Am Klötzenen Forst
D-88090 Immenstaad am Bodensee
www.abenteuerpark.com

PREMIUMWANDERWEG SEEGANG | Der Premiumwanderweg SeeGang führt in vier Etappen und rund 53 km von Konstanz nach Überlingen. Er führt dabei an landschaftlichen und kulturellen Highlights des Überlinger Sees vorbei. Er bietet tolle Ausblicke, einsame Waldpfade, Burgruinen, Schluchten, Obstwiesen, Uferpromenaden, kulinarische Köstlichkeiten und kommt an der Blumeninsel Mainau vorbei.
Der vollständig beschilderte Weg kann überall gestartet und in beide Richtungen begangen werden. Übersichtstafeln informieren mit Karte und Höhenprofil über den Wegverlauf.

www.premiumwanderweg-seegang.de

DAV-KLETTERHALLE (B 2) | Die Kletterhalle in Radolfzell bietet Kletterspaß auf 2.500 m². Es gibt einen Außen- und Innenbereich mit verschiedenen Schwierigkeitsgraden sowie einen speziellen Kletterraum für Kinder.
Es werden verschiedene Kletter- und Schnupperkurse angeboten.
Außerdem gibt es einen voll ausgestatteten Trainingsraum sowie einen Slacklineraum, wo man seine Balance trainieren kann.

Kletterwerk Radolfzell
Werner-Messmer-Straße 12
D-78315 Radolfzell
www.kletterwerk.de

OBST- UND WEINSPAZIERGANG (E 2) | Dieser Spaziergang verbindet die beiden Themenwege „Hagnauer Obst- und Weinwanderweg" und „Immenstaader Apfel- und Weinspaziergang" miteinander. Dabei wandern wir zwischen den Obstplantagen und Weinbergen nach Frenkenbach und Kippenhausen und wieder zurück nach Hagnau und genießen wundervolle Aussichten auf den Bodensee. Der Rundweg führt uns an vielen Informationstafeln zum Obst- und Weinbau vorbei; ca. 12,8 km, 155 Hm, 3 ½ Stunden.

Ausgangspunkt und Infos:
Tourist-Info Hagnau
Im Hof 1 (Rathausplatz)
D-88709 Hagnau am Bodensee
www.outdooractive.com/de/wanderung/bodensee/hagnauer-obst-und-weinwanderweg-immenstaader-apfel-und-weinspazierweg/1376693/

Dornbirn

DORNBIRN

Karrenseilbahn
Gütlestraße 6
T +43 (0)5572 22140
www.karren.at

Rappenlochschlucht
Im Gütle
T +43 (0)5572 22188
www.rappenloch.at

inatura – Erlebnis Naturschau
Jahngasse 9
T +43 (0)5572 232350
www.inatura.at

Biererlebniswelt
Dr.-Waibel-Straße 2
T +43 (0)5572 3777-200
www.mohrenbrauerei.at

WEITERE INFOS:

Kißlegg

★★★★

HOFGUT FARNY

Grüß Gott im HOFGUT FARNY bei Wangen. Ein idealer Ort zum Genusswandern im Allgäu und am Bodensee. Bei uns können Sie genießen, erholsam schlafen und entspannen. Schauen Sie gleich mal bei uns rein: **www.hofgut-farny.de**.

INNOVATION · TECHNIK · KUNST
ZEPPELIN
MUSEUM
Seestraße 22 · 88045 Friedrichshafen · Tel.:+49 (0)7541 / 3801-0 · www.zeppelin-museum.de

Wellness am Bodensee
SUPERIOR
Krone
SCHNETZENHAUSEN
Restaurant, Terrasse, Cocktailbar,
Hallenbad, Freibad, Sauna, SPA,
Fitness, Tennishalle
Ringhotel Krone Schnetzenhausen****S · Untere Mühlbachstr. 1 · 88045 Friedrichshafen
Telefon 07541/4080 · www.ringhotel-krone.de · info@ringhotel-krone.de

KOMPASS
KOMPASS
RAD
VERGNÜGEN
BODENSEE
21 1/2 TAGESTOUREN
FEIERABEND-RIDES
WOCHENEND-BIKEAWAYS
EXTRA
ERLEBNISKARTE
& APP
www.kompass.de

KINDER

Für kleine Helden

Mit Kindern braucht man im Urlaub ein vielseitiges und spannendes Programm. Das Bodenseegebiet bietet (fast) alles an, was man sich wünschen könnte. Viele Anregungen können unter www.bodensee.eu/de/was-erleben/bodensee-highlights/familienurlaub gefunden werden. Dabei sind der Affenberg Salem (www.affenberg-salem.de), das Museum Ravensburger (www.ravensburger.net), das Conny-Land in der Schweiz (www.connyland.ch/de/) und bei Schlechtwetter der Indoor-Spielplatz „Fägnäscht" in Rorschach (www.faegnaescht.ch) besonders zu empfehlen.

AUF DEN PFÄNDER (I 4) | Der Pfänder ist der berühmteste Aussichtsgipfel der Region. Von hier aus hat man einen einzigartigen Rundblick auf den Bodensee, Österreich, Deutschland, die Schweiz und über 240 Alpengipfel! Allein die Fahrt mit der Panoramaseilbahn ist ein unvergessliches Erlebnis.
Direkt bei der Bergstation gibt es einen tollen Abenteuerspielplatz.
Neben dem Berghaus Pfänder befindet sich der Alpenwildpark mit Steinböcken, Wildschweinen, Muffelwild, Rothirschen, Murmeltieren, Zwergziegen und Hasen, die man auf einem 30-minütigem Rundweg bestaunen kann.
Wer möchte, kann bis zur 1.064 m hohen Pfänderspitze gehen oder einen anderen (Rund-)Wanderweg begehen.

www.pfaenderbahn.at

DAMPFSCHIFFFAHRT | Der Schaufelraddampfer Hohentwiel ist das einzige noch betriebene Dampfschiff und zugleich das älteste Passagierschiff auf dem Bodensee.
Die besonders schöne Kulisse der Bodenseelandschaft, das außergewöhnliche Ambiente der über 100-jährigen Hohentwiel und der individuelle Service machen diese Schifffahrt zu einem ganz besonderen Erlebnis.
Es werden kleine und große Rundfahrten ab verschiedenen Bodenseehäfen angeboten. Beliebt sind auch die Themen- und Gourmetfahrten.

Hohentwiel Schifffahrtsgesellschaft
www.hohentwiel.com

FAHRT MIT DER ZAHNRADBAHN (F/G 4) | Eine gemütliche Fahrt mit der Zahnradbahn von Rorschach-Hafen nach Heiden und zurück ist ein ganz besonderes Erlebnis für Groß und Klein. In den Sommermonaten klettert die Bahn mit offenen Wagen in das hügelige Appenzeller Vorderland hinauf. Dabei genießt man eine herrliche Aussicht auf den Bodensee.
In Heiden kann das Henry-Dunant-Museum (www.dunant-museum.ch/de/) besucht werden.
Es ist außerdem möglich eine Erlebnisrundfahrt mit Zahnradbahn nach Heiden, Wanderung auf dem Witzwanderweg nach Walzenhausen (oder Postauto), Zahnradbahn nach Rheineck und Schiffsfahrt durch das Naturschutzgebiet „Rheindelta" zurück nach Rorschach zu unternehmen (www.erlebnis rundfahrt.ch, Tel. + 41 71 8983301).

Infos: Appenzeller Bahnen
www.appenzellerbahnen.ch

ABENTEUERLAND WALTER ZOO (E 4) | Das Abenteuerland bietet nicht nur rund 1'100 Tiere aus über 120 verschiedenen Tierarten, sondern auch tolle Spielplätze, Gastronomie und Unterhaltungsangebote! Dazu gehören Pony- und Kamelreiten, Streichelzoo, Tierfütterungen, Tierpflegerberichte, Hüpfburgen, Labyrinth, Grillplatz und vieles mehr. Ein ganz besonderes Abenteuer ist die Übernachtung in einem Tipi-Zelt.

Abenteuerland Walter Zoo
Neuchlen 200
CH-9200 Gossau (SG)
www.walterzoo.ch

INSEL MAINAU (D 2) | Die Blumeninsel Mainau hat viel für Kinder (und Erwachsene) zu bieten! Neben den vielen wunderschönen Blumen in verschiedenen Gärten und auf Terrassen, gibt es auf der Insel das Kinderland, einen Bauernhof mit vielen verschiedenen Tieren, Streichelzoo und Ponyreiten sowie einen Nachhaltigkeitsparcours mit neun Stationen.
Im Kinderland gibt es einen Wasserspielplatz, einen Themenspielpatz und ein Zwergendorf.
Interessant für Kinder könnten außerdem das Schmetterlingshaus sowie der Insektengarten sein.

Mainau-Parkplatz
Insel Mainau 1
D-78465 Insel Mainau
www.mainau.de

RAVENSBURGER SPIELELAND (G/H 2) | Im Freizeitpark mit Feriendorf gibt es unheimlich viel zu erleben. Der Park ist in verschiedene Themenbereiche eingeteilt: Kunterbunte Spielewelt, Entdeckerland, Grüne Oase, Käpt'n Blaubärs Wunderland, Maus- und Elefant-Erlebniswelt, Future World, Mitmachland und Brio World. Es gibt unzählige Fahrgeschäfte, Attraktionen, (Abenteuer-)Spielplätze und Restaurants. Wer möchte, kann in der SchokoWerkstatt seine eigene Lieblingsschokolade kreieren oder bei einem Trickfilm-Workshop seinen eigenen Film herstellen (am besten online anmelden).

Am Hangenwald 1
D-88074 Meckenbeuren, OT Liebenau
www.spieleland.de

NATUR

Für vielfältige Entdeckungen

Naturliebhaber können sich an schönen Wanderungen erfreuen und in einem der Naturschutzgebiete die unberührte Natur genießen und Vögel und andere Tiere beobachten. Wer gerne mehr erfahren möchte, schließt sich einer Naturführung vom Naturschutzzentrum Wollmatinger Ried an. Auch die Insel Mainau ist mit ihren verschiedenen Gärten vor allem zur Blütezeit einen Besuch wert (www.mainau.de). Etwas außerhalb der Karte befindet sich ein Naturschauspiel, das jeder Bodenseebesucher gesehen haben sollte: Der Rheinfall bei Schaffhausen (www.rheinfall.ch).

NATURDENKMAL SANDPLATTE (I 4) | Diese Wanderung führt uns zum Naturdenkmal Sandplatte, einer versteinerten Meeresküste am Unterlauf der Bregenzer Ach. Vom Bahnhof gehen wir nach der Unterführung auf dem Falkenweg Richtung Osten, überqueren eine kleine Brücke und folgen dem Fußweg zur Mühlenstraße. Dort gehen wir links unter der Bahn hindurch und biegen rechts in die Rotachstraße. Wir passieren das Textildruckmuseum, folgen dem Fußweg durch ein Schutzgebiet und gehen bei der Langenstegstraße (später Schäfferhofstraße) immer geradeaus, bis wir zum Ufer der Bregenzer Ach gelangen. Hier gehen wir rechts und kommen zur Sandplatte, einem beliebten Bade- und Abenteuerspielplatz im Sommer. Rückweg auf dem selben Weg; insgesamt ca. 8 km, 0 Hm, 2 Stunden.

Ausgangspunkt: Bahnhof Hard-Fußach mit Parkplatz (H 4)

HALBINSEL METTNAU (B 2) | Die Halbinsel Mettnau befindet sich östlich von Radolfzell. Ein großer Teil der Halbinsel ist ein Naturschutzgebiet, welches einen Lebensraum für verschiedenste Wasservögel und andere Tiere bietet. Die äußerste Spitze der Halbinsel ist im Sommer gesperrt um den Vögeln die ungestörte Brut und Aufzucht der Jungen zu ermöglichen.
Vom Mettnau-Turm (auch „Finckh-Turm“ genannt) hat man eine tolle Aussicht auf die Umgebung.
Der „Life-Pfad“, ein interessanter 6 km langer Naturerlebnispfad, führt vom Mettnau-Turm durch die Naturschutzgebiete am Markelfinger Winkel bis zum Naturfreundehaus.
Auf der Halbinsel befindet sich auch ein Kurpark und ein Strandbad.

www.nabu-radolfzell-hegau.de/betreute-schutzgebiete/halbinsel-mettnau/

RIEDLEHRPFADE (F 1) | Direkt beim Naturschutzzentrum Wilhelmsdorf beginnen die beiden Riedlehrpfade, die durch das Moor führen. Im Naturschutzgebiet können alle Biotop-Typen der Moorlandschaft erlebt und auf zwei Wegen durchwandert werden (1 bzw 2 Stunden).
Im Naturschutzzentrum gibt es eine Dauerausstellung zur Entstehung und Bedeutung vom Moor.

Naturschutzzentrum Wilhelmsdorf
Riedweg 3
D-88271 Wilhelmsdorf
www.noerdlicher-bodensee.de/tour/moor-kompakt-am-riedlehrpfad-wilhelmsdorf-21014fb7ef

CHURFIRSTENWANDERUNG (C 1) | Vom Bahnhof wandern wir auf der Rathausstraße nach Sipplingen hinein. Die Straße macht eine Rechtskurve und wird zur Morgengasse. Bei einer Infotafel biegen wir links ab, gehen am Sportplatz vorbei Richtung Burghalde und Churfirsten. Ein schmaler Pfad führt rechts in das Naturschutzgebiet und zur Burgruine mit herrlicher Aussicht. Wir gehen in Serpentinen den Berg hinab und folgen dem Wegweiser zu den Sieben Churfirsten. Die bemerkenswerten Sandsteinfelsen sind durch Erosion aus Regen und Wind entstanden. Wir folgen weiter dem Weg und gehen beim Wanderparkplatz auf dem Bodensee-Rundweg zurück nach Sipplingen und zum Ausgangspunkt: ca. 5,6 km, 195 Hm, 2 Stunden.

Ausgangspunkt: Bahnhof Sipplingen mit Parkplatz (C 1)
www.outdooractive.com/de/wanderung/die-sieben-churfirsten-/1374352/

NATURFÜHRUNGEN IM NATURSCHUTZGEBIET WOLLMATINGER RIED (C 2) | Das Naturschutzgebiet Wollmatinger Ried bei Konstanz ist vor allem für Ornithologen interessant. Das Naturschutzgebiet ist nur beschränkt, auf einem Infopfad, zugänglich. Der Pfad mit Beobachtungsplattformen informiert mit Tafeln über die dortigen Lebensräume, Tiere und Pflanzen. Das besuchenswerte Naturschutzzentrum erteilt weitere Auskünfte.
Um das nicht frei zugängliche Naturschutzgebiet zu besuchen, kann kann man sich einer der vielen Führungen, die das Zentrum anbietet, anschließen (siehe Webseite unter Termine bzw. Veranstaltungsprogramm). Es gibt auch Führungen und Aktionen speziell für Kinder.

Naturschutzzentrum Wollmatinger Ried
Kindlebildstraße 87
D-78479 Reichenau
www.nabu-wollmatingerried.de

NATURSCHUTZGEBIET RHEINDELTA (G/H 4) | Das Rheindelta ist eine beeindruckende Landschaft zwischen dem Alten Rhein und dem Grenzgebiet von Österreich und der Schweiz. Das Feuchtgebiet ist ein bedeutendes Brut- und Rastgebiet für Vögel. Bisher wurden hier 330 Vogelarten, 160 Wildbienenarten und etwa 600 Pflanzen gezählt. Eine schöne Wanderung führt vom Restaurant (mit Badestelle) zum Rheinholz und Rheinspitz am Westende des Naturschutzgebietes; ca. 12 km, 3 Hm, 3 Stunden (hin und zurück.)

Ausgangspunkt: Parkplatz beim Seerestaurant Glashaus (H 4)
www.rheindelta.com

SCHLECHTWETTER

Für alternative Unternehmungen

Am Bodensee gibt es auch bei Schlechtwetter viel zu erleben und zu erkunden. Neben sehr vielen interessanten Museen gibt es auch zahlreiche Thermen, die hier nicht alle genannt werden können. Am besten schauen Sie bei www.bodensee.eu unter den Stichwörtern Museen bzw. Thermen für weitere Vorschläge. Etwas ganz Besonderes ist das zum UNESCO-Weltkulturerbe gehörende Pfahlbaumuseum in Unteruhldingen. Als Freilichtmuseum ist es jedoch eher bei gutem Wetter zu empfehlen (www.pfahlbauten.de). Flugzeug-Liebhaber sind im Dornier-Museum in Friedrichshafen gut aufgehoben (www.dorniermuseum.de).

ZEPPELIN MUSEUM (F/G 2/3) | Im Zeppelin Museum ist die weltweit größte Sammlung zur Luftschifffahrt ausgestellt. Zudem können die begehbaren Passagierräume der „Hindenburg" im originalgetreuen Nachbau begangen werden.
Das Museum verfügt außerdem über eine Kunstsammlung, die die größten Meister aus Süddeutschland vom Mittelalter bis zur Neuzeit versammelt. In der denkmalgeschützten Bauhaus-Architektur des Zeppelin Museums sind auf über 4.000 m² Ausstellungsfläche rund 1.500 Exponate zu entdecken. Im Medienraum kann man die imposante Größe der Luftschiffe in einem 3D-Film erleben.

Zeppelin Museum Friedrichshafen
Seestraße 22
D-88045 Friedrichshafen
www.zeppelin-museum.de

STIFTSBEZIRK ST. GALLEN (E/F 4) | Der Stiftsbezirk in St. Gallen gehört seit 1983 zum UNESCO-Weltkulturerbe. Das Barockensemble mit Bibliothek und Kathedrale ist atemberaubend. Die Kathedrale ist mit ihrer imposanten Doppelturmfassade das Wahrzeichen der Stadt St. Gallen. Die Stiftsbibliothek zählt zu den ältesten und schönsten Klosterbibliotheken der Welt. Sie besitzt einen der schönsten Barocksäle des Landes und beeindruckt mit 170.000 Büchern und 2.000 Originalhandschriften aus dem Mit-telalter.

Infos: St. Gallen-Bodensee Tourismus
Bankgasse 9
CH-9001 St. Gallen (SG)
www.st.gallen-bodensee.ch
www.stiftsbezirk-sg.ch
www.stiftsbibliothek.ch

MAESTRANI'S CHOCOLARIUM (C/D 4) | In der Erlebniswelt dreht sich alles rund um die Schokolade. Bei einem Rundgang kann man die „Schoggi" riechen und schmecken sowie von Montag bis Freitag bei der Produktion zuschauen. Zudem lernt man alle Zahlen und Fakten über den Kakao und seinen Welthandel. Wer möchte, kann seine eigene Tafel Schokolade herstellen oder an einem der Schokoladen-Gieß- und -Backkurse teilnehmen.
Eine weitere Besonderheit ist der „Maestrani Schoggiweg": Ein Themenweg vom Bahnhof Flawil zum Chocolarium (30 bis 45 Minuten).
Der Schoggi-Shop und das Schoggi-Café runden das Angebot ab.

Toggenburgerstraße 41
CH-9230 Flawil (SG)
www.chocolarium.ch

BODENSEE THERME ÜBERLINGEN (C/D 1/2) | In der Bodensee-Therme genießt man Baden und Saunen mit Blick auf den Bodensee. Die vier Kaskadenbecken bieten meditative Unterwasserklänge sowie fantastische Lichtprojektionen.
Neben Thermal-Innen- und Außenbecken gibt es zahlreiche Wasserattraktionen wie Reifenrutsche, Whirlpool und einen Kleinkindbereich. Wer möchte, kann sich in den verschiedenen Saunen entspannen und anschließend im Bodensee erfrischen. Außerdem gibt es einen schönen Wellness-Bereich.
Im Sommer wird der Badebereich auf das Strandbad West ausgeweitet.

Bahnhofstraße 27
D-88662 Überlingen
www.bodensee-therme.de

BODENSEE-NATURMUSEUM UND SEA LIFE KONSTANZ (D 2) | Unweit vom Bahnhof und Hafen befinden sich das Naturmuseum und das SEA LIFE Konstanz in einem Haus.
Im Naturmuseum gibt es viele Informationen über den Rhein von der Quelle bis zur Mündung, die Entstehungsgeschichte des Bodensees, die Lebensräume des Sees und die Bodenseelandschaft im Allgemeinen.
Im SEA LIFE Konstanz können mehr als 3.500 Tiere in 35 naturnah gestalteten Süß- und Salzwasser-Aquarien bewundert werden.

Hafenstraße 9
D-78462 Konstanz
www.konstanz.de/naturmuseum
www.visitsealife.com/de/de/konstanz/

INATURA DORNBIRN (I 4) | Die inatura ist eine Erlebnis-Naturschau in Dornbirn, in der Jung und Alt Natur, Mensch und Technik interaktiv und spielerisch erleben können. Anfassen ist hier ausdrücklich erwünscht. Gerade für Kinder ist die Aufforderung zum Ausprobieren, Spielen und Erleben sehr spannend. Vorgestellt werden die Lebensräume Vorarlbergs, einige Naturwunder, der menschliche Körper und technische Errungenschaften des Menschen. In den „Science Zones" geht es um die Themen Optik, Mechanik, Elektrizität, Magnetismus, Energie und Wasser.

Jahngasse 9
A-6850 Dornbirn
www.inatura.at

WANDERTOUR 1

KLOSTERINSEL REICHENAU

1

Gemüse und Weltkulturerbe

11,4 km 2:30 h 70 hm 70 hm

Diese Tour finden Sie im Planquadrat C 2
Leichte Tour 9 aus dem Wanderführer Bodensee (5606)
Autorin: Raphaela Moczynski

START | Gebührenpflichtiger Parkplatz in Oberzell, 402 m.
CHARAKTER | Flache, naturbelassene Wege, zum Teil auch Teerstraßen.

Die Insel Reichenau wird von den Einheimischen auch die Gemüseinsel genannt – warum, wird auf der Wanderung, die um einen Großteil der Insel führt, schnell deutlich: Gewächshäuser, Gemüsefelder und Blumenfelder säumen den Weg. Berühmt ist die Insel aber auch für ihre mittelalterlichen romanischen Kirchen, die von der UNESCO zum Weltkulturerbe ernannt wurden.

Die Rundwanderung startet am Parkplatz Oberzell unterhalb der Kirche St. Georg. Links der Kirche folgen wir der Beschilderung des Inselrundwegs über die Seestraße, vorbei an schmucken Häusern, Blumenfeldern und vielen Gewächshäusern.
An einem dreieckigen Platz weisen rote, auffallende Schilder den Weg zum Münster, der nächsten kulturellen Station. Er führt über die Hermanus-Contractus-Straße zwischen Feldern hindurch zum Münster St. Maria und Markus.
Rechts der Hermanus-Contractus-Straße liegt der hübsche Yachthafen der Segelschule Insel Reichenau. Am Ende seines Parkplatzes verlässt der Inselrundweg nun endlich den Asphalt und führt am Nordufer entlang Richtung Niederzell.
Nicht immer hat man freien Blick auf den Bodensee und den dahinter aufragenden Bodanrück, der Schilfgürtel verhindert dies. Dafür entschädigt an heißen Tagen das Strandbad Reichenau auf halber Strecke nach Niederzell.
Groß ist die Insel nicht und so ist schon bald die Nordwestspitze der Insel mit der Ortschaft Niederzell und einer weiteren Welterbestätte erreicht: Die Kirche St. Peter und Paul. Nun geht es hinunter zum Uferweg, der in diesem Abschnitt ausschließlich Fußgängern vorbehalten ist. Die Spitze der Insel lässt sich leider nicht betreten, denn sie liegt hinter Mauern auf einem Hotelgelände. Vom Inselrundweg bietet sich dennoch ein hervorragender Blick in den Hegau, auf den Gnadensee und den Zellersee und zum Bodanrück.

Kurzzeitig läuft man nun auf der geteerten Niederzeller Straße bis zum Hinweisschild „Ferienappartment Bernhard", dort führt rechts der markierte Weg über den Parkplatz und zwischen Wohnhaus und Gewächshaus hindurch zum Seeufer bzw. auf einen Pfad, der nun zwar wieder am Ufer entlang, aber etwas unromantisch zwischen Gewächshaus und Hecke verläuft. So geht es nun immer weiter: Eine aussichtsreiche, aber abgesperrte Privatbucht nach der anderen, dazwischen Hecken, Büsche und linker Hand Gewächshäuser. Dort, wo man zwischen Wohnhäusern hindurchwandern muss, sind teilweise Fußgänger-Symbole auf den Teer gemalt.

Dann ist der Campingplatz Sandseele mit Liegeflächen und Kiosk erreicht. Hier hat man einen schönen Blick über den See zum Schiener Berg. Der Uferweg verläuft nun meist nah am Wasser durch Mittelzell, biegt nach Südosten ab und führt direkt zur Schiffslände. Hier legt die Solarfähre ans gegenüberliegende Schweizer Ufer nach Mannenbach ab.

Hinter den Bootsstegen verlassen wir das Ufer und nehmen den ersten Weg links hoch und biegen gleich wieder nach rechts in den Thurgauer Weg. Dem folgen wir bis zu seiner Einmündung in die Schlossstraße. Links abbiegend mit der Unteren Rheinstraße. Hier befindet sich eine Haltestelle des Inselbusses. Ein unübersehbarer roter Wegweiser zeigt den Weg zum Aussichtspunkt Hochwart, der über die Spiegelbergstraße führt. Dort, wo diese auf die Hochwartstraße trifft,

Die aussichtsreiche Hochwart

biegt man nach rechts und an der übernächsten Straße nach links ab.

Die Hochwart ist der höchste Punkt der Insel und überragt diese um ganze 40 m. Am höchsten Punkt steht inmitten von Weingärten der kleine Hochwart-Turm mit einer Werkgalerie. Entsprechend grandios ist der Panoramablick über die Inselkirchen, die Gemüsefelder, die gleißend-weißen Gewächshäuser und die Weinberge.

Bei guter Fernsicht schaut man über das Schweizer Ufer im Süden auf die Alpen; im Osten sieht man Konstanz und das Naturschutzgebiet Wollmatinger Ried, im Westen die Halbinsel Höri und die Vulkankegel des Hegaus.

Nun geht es zurück zum Parkplatz. Dafür nehmen wir den Fahrweg zwischen den Reben im Südosten des Turms, biegen aber gleich nach links und dann in die nächste Straße rechts ab. An der Kreuzung biegen wir nach rechts auf den Tellerhofweg ab und folgen diesem bis zu den Gewächshäusern. Zwischen den Gewächshäusern hindurch führt die St.-Georg-Straße zurück zum Parkplatz.

WANDERTOUR 2

VON LINDAU NACH WASSERBURG

Alte Villen und charaktervolle Prachtgärten

17,8 km | 4:45 h | 10 hm | 10 hm

Diese Tour finden Sie im Planquadrat H 3
Leichte Tour 33 aus dem Wanderführer Bodensee (5606)
Autorin: Raphaela Moczynski

START | Lindau, Bahnhof, 400 m; Parkplatz an der Nordwestecke der Insel.
CHARAKTER | Gut beschilderte, steigungsfreie Fußgängerwege, kurze Abschnitte auf Wirtschaftsweg und Sträßchen.

Das von den Wellen des Sees umspülte Wasserburg liegt auf einer malerischen Halbinsel und ist einer der Hauptanziehungspunkte am Bodensee. Das uralte „Wazzarburuc" wurde bereits 794 urkundlich als Besitz des St. Gallener Klosters erwähnt.

Die Lindauer Hafeneinfahrt

▶ Erste Anlaufstelle vom Bahnhof Lindau auf der Uferpromenade ist der nahe Leuchtturm. Am Maximilian-Denkmal und Pulverturm vorbei schlendern wir zum Seeparkplatz. Nach dem Bahnübergang folgen wir Richtung Wasserburg auf dem Damm dem Bodensee-Rundweg an den Gleisen entlang zum Festland. Das interessante, auf Pfählen stehende Gebäude des alten Aeschacher Bades passierend kommen wir auf einem Fußgängerweg nach Bad Schachen.
Dort entfernt sich die Wanderroute nun vom See. Bei der Villa Tannhof im Ortsteil Degelstein beachten wir das Rundwegsymbol und tauchen dann im Lindenhofpark in eine völlig andere Welt ein. Der prachtvolle alte Baumbestand nimmt uns sofort gefangen. Unter manchen fremdländischen Arten überrascht insbesondere ein gigantischer Mammutbaum. Wieder am Ufer spazieren wir zwischendurch auf einem Anliegersträßchen über den Ort Reutenen ins schö-

Wasserburg – eine der Hauptattraktionen am Bodensee

ne Wasserburg, dem Geburtsort des Schriftstellers Martin Walser.
Vom Bad geht es dann auf einem schmalen Weg an einer Mauer entlang zum unverwechselbaren Hafenambiente mit Anlegestelle, einer schmucken Zwiebelturmkirche, dem Museum im Malhaus und dem Schloss (heute das Schloss-Hotel Wasserburg).
Beim Restaurant Hegestrand 3 verlässt man den Bodensee-Rundweg auf dem Moosweg, einem an der Evangelischen Kirche vorbei führenden Fußweg. Bei einer Bäckerei hält man sich links und in der Dorfmitte Richtung Bodolz.
Ab dem Ortsende leitet ein Wirtschaftsweg an der Bahn durch eine Obstanlage, den Pfänder vor Augen, zum Naturschutzgebiet Bichlweiher.
Auf einem verkehrsarmen Sträßchen treffen wir schließlich wieder in Reutenen ein und stoßen dann in Degelstein beim Lindenhofpark auf die bekannte Route über Bad Schachen zurück nach Lindau.

Inselstadt Lindau

WANDERTOUR 3

VON RORSCHACH NACH STEINACH

3

An eidgenössischen Sonnenufern promenieren

16 km 4:00 h 55 hm 55 hm

Diese Tour finden Sie im Planquadrat G 4
Mittelschwere Tour 61 aus dem Wanderführer Bodensee (5606)
Autorin: Raphaela Moczynski

START | Rorschach, Bahnhof mit gebührenpflichtigem Parkplatz, 398 m.
CHARAKTER | Kleine Steigungen. Gut beschilderte Fußgänger- und Wirtschaftswege, kurzer Pfad.

Die Riedlandschaft des Naturschutzgebietes Altenrhein erhielt ihr heutiges Gesicht durch die Nutzung des Menschen. Ohne menschliches Zutun würde sich dort längst ein Weichholz-Auwald ausdehnen. Das Vegetationsmosaik setzt sich zusammen aus Röhrichtzonen, Groß- und Kleinseggenrieden, Pfeifengraswiesen, Dotterblumenwiesen, Hochstaudenfluren und Wassergräben.

Dieser einfach nachvollziehbare Seespaziergang im Grenzbereich der Kantone St. Gallen und Thurgau mit Rückweg durchs heitere Hinterland startet am Bahnhof Rorschach. Erst einmal geht es ohne Eile auf einem Fußgängerweg am Strand ins Zentrum mit Hafen, wo die Weiße Flotte von Lindau und Friedrichshafen anlegt. Gleich darauf passieren wir das Automobilmuseum (Alte Garage Rorschach) und das vor allem für Famili-

Blick auf die Uferpromenade von Rorschach

Die alte Rorschacher Badhütte

en mit Kindern faszinierende Museum im Kornhaus.
Danach bleiben wir der Seepromenade treu und spazieren an der pfahlbauartigen alten Badhütte vorbei zum Freibad Seegarten am Ortsrand von Goldach. Nach Queren der B 13 benützt die Wanderroute beim Horner Holz die zweite Bahnbrücke über die Goldach. Wir wechseln dabei vom Kanton St. Gallen in den Kanton Thurgau.
Nun folgen wir erst dem Wirtschaftsweg Richtung Tübach und lassen uns später vom Wandertäfelchen den Kurs zum Hafen von Horn zeigen. Dort setzt man den genüsslichen Uferspaziergang auf dem Bodensee-Rundwanderweg mit weiten Ausblicken über den Bodensee nach Steinach fort, womit man wieder zurück im Kanton St. Gallen ist.
Bei der Steinachmündung bleiben wir noch am See, nehmen nach einem behaglichen Wirtshausbesuch den Seeweg und im weiteren Verlauf den Fußgängerweg über die Bahnlinie Richtung Tübach. Am Ortsende überschreiten wir die Steinach und wandern auf einem Wirtschaftsweg übers Wiesenland. Nach Queren der Straße von Obersteinach geht's zu Beginn auf einem Anliegersträßchen, später auf einem Pfad hinauf nach Tübach.
Im Unterdorf beginnt nach der Kirche ein Wirtschaftsweg, der zur holzgedeckten Kellenbrücke über die hier wildbachartig eingegrabene Goldach und weiter zur Gemeinde Goldach ansteigt. Beim Feuerwehrhaus kreuzen wir die St.-Galler-Straße und lassen uns daraufhin einfach immer vom Wanderwegschild leiten.
Im oberen Ort spaziert man zur Bahnstation und ab dort auf Fußgängerwegen und Anliegersträßchen mit zweimaliger Querung der Gleise Richtung Bahnhof zum Hafen von Rorschach.
Kurz darauf trifft man, erfüllt mit neuen Eindrücken auf bekannter Route wieder am Ausgangspunkt, dem Bahnhof, ein.

WANDERTOUR 4

WINKLER-GEDENKSTEIN • 610 M

④

Über der Bregenzer Bucht

11 km | 3:00 h | 315 hm | 315 hm

Diese Tour finden Sie im Planquadrat I 4
Leichte Tour 38 aus dem Wanderführer Bodensee (5606)
Autorin: Raphaela Moczynski

START | Bregenz, Bahnhof mit Parkplatz, 398 m.
CHARAKTER | Längerer, meist nur mäßig steiler Aufstieg zum Winkler-Gedenkstein. Bestens beschilderte Fußgänger-, Wanderwege und Pfade.

Der Winkler-Gedenkstein erinnert an den durch „Die Fischerin vom Bodensee“ bekannt gewordenen Komponisten Franz Winkler, der hier nach dem Zweiten Weltkrieg lebte.

▶ Als Auftakt zu dieser verträumten Buchtwanderung erwartet uns auf dem Weg vom Bahnhof der Festspiel- und Landeshauptstadt Bregenz zum See eine modern gestaltete Fußgänger-Bahnüberführung. Auf dem Bodenseeweg geht es unter dem

Bregenz am Bodensee

Lochau-Blick zum Seehotel

Pfänder Richtung Lochau entlang der bequemen Uferpromenade, vorbei am Hafen und dem markanten, auf Pfählen errichteten Badhaus – mit Blick hinüber zur Lindauer Insel.
Am Stadtrand, im Ortsteil Klausmühle, entscheiden wir uns für die Route über den Klausberg. Man quert dazu die Bundesstraße und schwenkt nach einem Gehsteigabschnitt bei einer Wanderwegmarkierung auf einen Waldpfad ab. Über Steinstufen setzt nun ein wildromantischer, bald wenig anstrengender Aufstieg an, der ein paar Bergsturzblöcke passiert. Über bemooste Felsbänder rieseln ganzjährig Wasserschleier und entwickeln dabei Tuffbildungen. Nach einem Steilaufschwung kommen wir zum Rhombergstein. An dieser Stelle fiel 1647 Thomas Rhomberg als Anführer der Dornbirner bei der Verteidigung der Bregenzer Klause gegen die Schweden.
Ein Wanderwegabstecher bringt uns am Naturdenkmal Alte Buche vorbei nach Haggen. Die 30 m hohe Rotbuche mit 3 m Stammumfang kann bereits auf über 200 Jahre zurückblicken. Kurz vor der Lochauer Parzelle liegt der Winkler-Gedenkstein aus Ötztalgranit am Weg. Eine kleine Panoramatafel erklärt die Aussicht vom Liechtensteiner Rätikon über Tödi und Säntis zur Rheinmündung und bis nach Konstanz und zur Insel Mainau.
Wir wandern über den Rhombergstein gemächlich hinunter in das bereits sichtbare Grenzdorf Lochau. Dort halten wir uns zur Ortsmitte und wählen nach der Kirche die Alberlochstraße und Hörbranzer Straße vollends bergab zum Bahnhof Lochau-Hörbranz. Dort nehmen wir die Fußgängerunterführung zum Hafen. Der Bodenseeweg führt uns am Strandbad vorbei und stets zwischen Bahn und Seeufer über Klausmühle zurück nach Bregenz.
Zum Abschluss empfiehlt sich ein gemütlicher Stadtbummel.

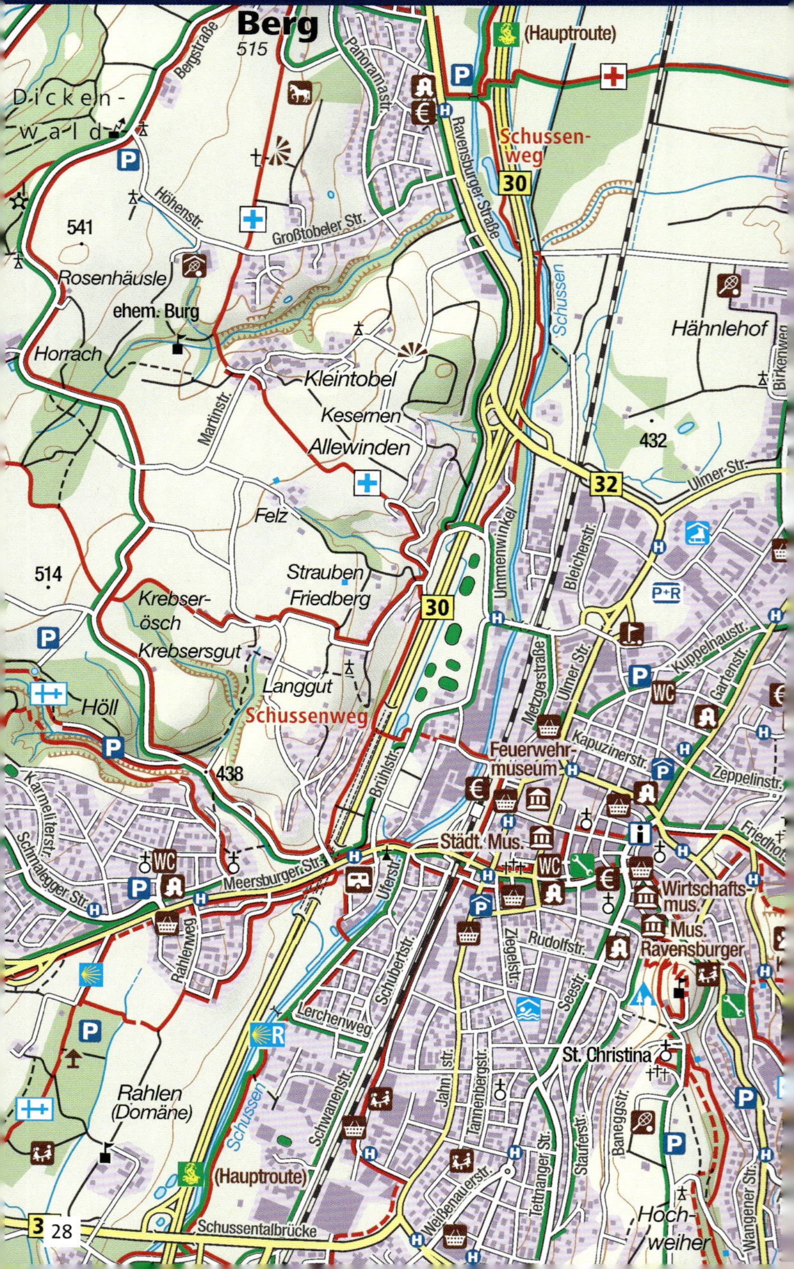
Berg
515
Bergstraße
Panoramastr.
Ravensburger Straße
(Hauptroute)
Dickenwald
Schussenweg
30
Höhenstr.
Großtobeler Str.
541
Rosenhäusle
ehem. Burg
Schussen
Hähnlehof
Horrach
Kleintobel
Birkenweg
Kesernen
Martinstr.
Allewinden
432
32
Ulmer-Str.
Felz
Ummenwinkel
Bleicherstr.
514
Strauben
Friedberg
30
Krebseresch
Krebsersgut
Metzgerstraße
Ulmer Str.
Kuppelnaustr.
Gartenstr.
Langgut
Höll
Schussenweg
Kapuzinerstr.
Feuerwehrmuseum
Zeppelinstr.
Brühlstr.
438
Karmeliterstr.
Friedhofstr.
Schmalegger Str.
Städt. Mus.
Meersburger Str.
Uferstr.
Wirtschaftsmus.
Rahlenweg
Ziegelstr.
Rudolfstr.
Mus. Ravensburger
Schubertstr.
Lerchenweg
Seestr.
St. Christina
Schwanenstr.
Jahnstr.
Tannenbergstr.
Rahlen (Domäne)
Schussen
Stauferstr.
Baneggstr.
Tettnanger Str.
(Hauptroute)
Weißenauer Str.
Wangener Str.
Hochweiher
Schussentalbrücke
3

0 250 500m
Maßstab 1:30 000
Museum für Klosterkultur
WEINGARTEN
Bikepark
Alamannenmuseum
Stadtmuseum Schlössle
ehem. Burg
Nessenreben (Dom.)
"Stiller Bach"
Lindenberg
Welfenbrunnen
Friedrichsbuche
ehem. Burg
Zundelbach
Lauratal
Waldlehrpfad
Locher
RAVENSBURG
Papiermühle
Albisreute
Lanzenreute
Jägerhäusle
Albertshofen
Fenken
Lumper
Hinzistobel
Groppach
Ettishofer Str.
Schussenstr.
Waldseer Str.
Abt-Hyller-Str.
Lazarettstr.
Wagnerstr.
Wolfegger Str.
Köpfinger Str.
Kuenstr.
Burachstr.
Lehenstr.
Reutebühlstr.
Sechserweg
Thumbstr.
Ravensburger Str.
Haslachstr.
Sankt-Martinus-Str.
Dreiländerring
Scherzach
Haslach
Laurastr.
Schützenstraße
Welfenstr.
484
580
492
616
450
540
592
596
607
600

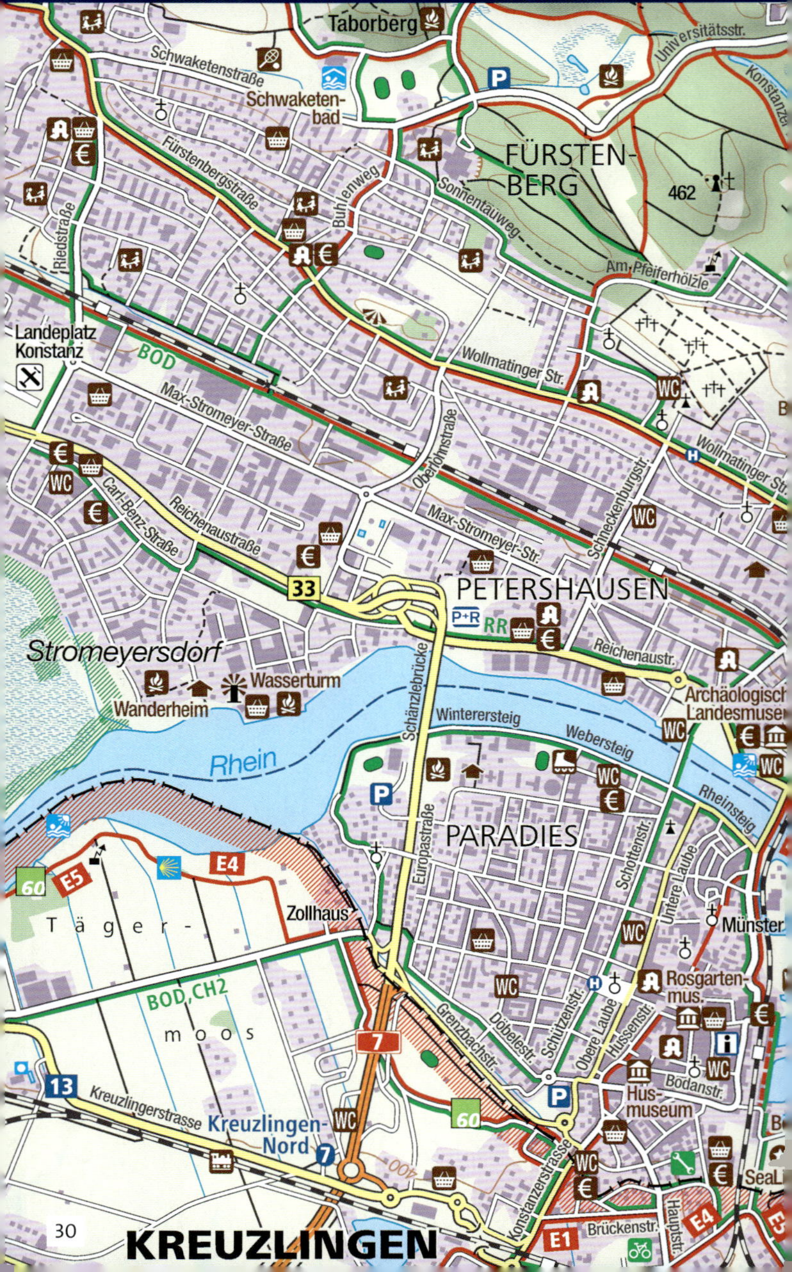
Taborberg
Universitätsstr.
Konstanzer
Schwaketenstraße
Schwaketen-
bad
FÜRSTEN-
BERG
462
Fürstenbergstraße
Buhlenweg
Sonnentauweg
Am Pfeiferhölzle
Riedstraße
Landeplatz
Konstanz
BOD
Wollmatinger Str.
Max-Stromeyer-Straße
Oberlohnstraße
Wollmatinger Str.
Carl-Benz-Straße
Reichenaustraße
Max-Stromeyer-Str.
Schneckenburgstr.
33
PETERSHAUSEN
P+R
RR
Reichenaustr.
Stromeyersdorf
Wasserturm
Wanderheim
Archäologisch
Landesmuse
Schänzlebrücke
Wintererstteig
Websteig
Rhein
Rheinsteig
PARADIES
Europastraße
Schottenstr.
Untere Laube
Münster
60
E5
E4
Zollhaus
Täger-
BOD,CH2
moos
Rosgarten-
mus.
Grenzbachstr.
Döbelestr.
Schützenstr.
Obere Laube
Hussenstr.
Bodanstr.
Hus-
museum
7
13
Kreuzlingerstrasse
Kreuzlingen-
Nord
60
Konstanzerstrasse
Hauptstr.
Brückenstr.
E1
E4
SeaLi
KREUZLINGEN

0
250
500m
Maßstab 1:25 000
EGG
Bodensee
Hoheneggstr.
Universität
Mainaustr.
E1
ALLMANNSDORF
Schiffstr.
n. Meersburg
Friedrichstr.
Sonnenbühlstr.
Bettengasse
Mainaustr.
STAAD
33
Lorettosteig
Lindauer Str.
Emanuel-von-Bodman-Weg
Allmannsdorfer Str.
(Südroute)
Jakobstr.
Mainaustr.
Lorettowald
Eichhornstraße
Bodensee-stadion
Mozartstr.
Seestr.
Hörnle
BOD
Waldhaus Jakob
Strandbad Horn
KONSTANZ
Seeheim
Bodensee-Therme Konstanz
n. Meersburg und zur Insel Mainau
Konstanzer Trichter
Uferpark
Seeburgpark

Köstenbach
Buchholz
Rohrbach
Bunkhofen
Heiselloch
Teuringer Str.
Waldstraße
Frankenweg
Albert-Maier-Str.
MEISTERHOFEN
Ernst-Zimmermann-Straße
JETTENHAUSEN
Hofweg
Pacellistr.
Gaggstr.
Flurweg
Anemon
WAGGERSHAUSEN
Werthmannstr.
Sonnenbergstr.
Waggershauser Str.
Graf-von-Soden-Str.
Lanzstr.
Meistershofener Straße
Mörikestr.
Hochstraße
Henri-Dunant-Str.
Colsmanstr.
409
Wasserturm
Allinger Straße
Leutholdstr.
Margaretenstr.
Keplerstr.
Montafonstr.
Hochstr.
Maybachstr.
Albrechtstr.
Zeppelinstr.
Schmidstr.
D8
Rosenstr.
Eugenstr.
Riedleparkstr.
Katharinenstr.
Allmandstr.
Löwentaler Str.
Bismarckstr.
Strandbad Friedrichshafen
Friedrichstr.
Schulmuseum
Bodenseepfad
Uferstr.
Hafenb
ZEPPELIN-Mu
Moletur
FRIEDRICHSHAFEN
400
n. Immenstaad
n. Romanshorn
n. Rorschach
n. Langenargen
Boden-

0 250 500m
Maßstab 1:25 000

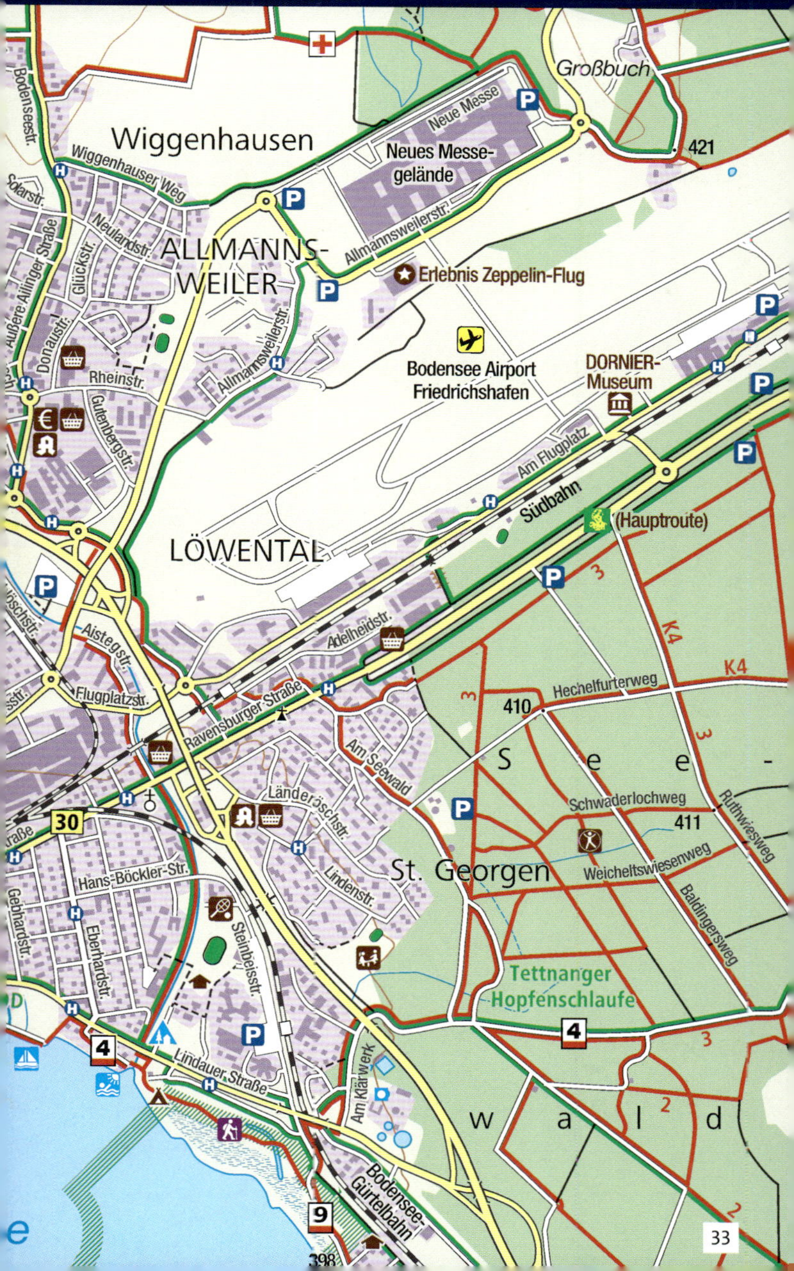

Boden
Natura 2000
Mehrerauer Seeufer
NSG
Bregenzerach-
mündung
Wocher-
hafen
Yachthafen
MW
Klosterkeller
Mehrerau
400
BOD
OR1
Auhafen
Dampferhafen
Zollhafen
E5
E4
Hafenstr.
Achsiedlungsstr.
Trüschenstr.
Felchenstr.
Mehrerauer
Wald
VORKLOSTER
Kulturwerkstatt
Kammgarn
Gondelhafen
Lochbachstr.
Grüner
Baum
Sportplatzstr.
Kohlplatzstr.
Ankergasse
Hard
SCHENDLI
Kehlerstr.
Hofsteigstr. 398
Oberer Achdamm
Bregenzerach
Krone
403
202
Engel
Marktstr.
Erikastr.
Angelika
Rauhholz
Sauna
Diana
Dammstr.
OR1
Landstr.
Lerchenmühlstr.
3
Unterfeldstr.
Textildruck-
museum
Am
Krumme
Bommen
Rotachstr.
Schloss
Mittelweiherburg
Rotach
Falkenweg
Bhf. Hard
400
Mühlestr.
408
Rotachstr.
Webereiweg
Lerchenau
Bhf. La
Lerchenauerstr.
Erlachstr.
Kotterstr.
Erlach
Weingarten
Lauterac

0 250 500m
Maßstab 1:25 000

Risi
Egelsrüti
Breitschachenstr.
Breit-schachen
Eschen str.
665
Chapf
Engelburg
Chapfstr.
549
Erlenholzstr.
Wilen
Gatter
725
Lässerhof
556
Sitter
Gatterstr.
St. Gallerstr.
686
ROTMONTEN
Rehweidstr.
Jobsrüti
645
Joosrütistr.
Holzstr.
Halden
Kreuzstr.
Au
Büel
Waldgutstr.
Lindenwis
608
Gde. Gaiserwald
Guisanstr.
Hätteren-wald
600
743
643
Alte St. Gallerstr.
Sitter
St. Gallen-Kreuzbleiche
81
Müller-Friedberg-Str.
Rosenberg
WC
Im Hölzli
Hätterenstr.
Paul-Brandt-Str.
Dietlistr.
Dufourstr.
Winkelriedstr.
E60
1
688
Höhenweg
Tellstr.
Rosenbergstr.
Ochsenweidstr.
Sankt-Josefen-Str.
Feldli
Lachen
Gerbestr.
Rosenbergstr.
Sömmerliwaldstr.
Sömmerlistr.
Vonwilstr.
Bogenstr.
Felsenstr.
Gottfried-Keller-Str.
Unterstr.
685
Zürcher Str.
Schillerstr.
Burgstr.
Oberstr.
Tschudistr.
Teufener Str.
Bernegg
75
Burg-Weiher
Burgstr.
ST. GEOR

0 250 500m
Maßstab 1:25 000
Staag
701
755
Peter u. Paul
782
798
790
Kirchlistr.
Kirchli
HEILIGKREUZ
Bruggwaldstr.
641
75
(Südroute)
Guggeien
Höchster Str.
Höchs
679
Kesselhaldenstr.
Brauerstr.
Zilstr.
Oberzilstr.
Rorschacher Str.
Hüttenwiesstr.
Langgasse
666
Schoeckstr.
Sonnenhaldenstr.
Iddastr.
Kolumbanstr.
Heiligkreuzstr.
Lukasstr.
Naturmuseum
St. Gallen-Neudorf
83
33
1
7
642
WC
Martinsbruggstr.
Heimatstr.
Bachstr.
Buchentalstr.
Rorschacher Str.
Fuchsenstr.
Linden-
Helvetiastr.
Splügenstr.
82
St. Gallen-St. Fiden
Steinachstr.
Rehetobelstr.
Hagenbuchstr.
Flurhofstr.
42
ST. FIDEN
Hueb
Rorschacher Str.
Birnbäumenstr.
Hardungstr.
(Südroute)
Linsebühlstr.
Speicherstr.
Kloster Notkersegg
Speicherstr.
Churzegg
Wisen
ST. GALLEN
kulturerbe)
Schwarzer Bären
Kapf
WC
884
Chrüzhof
Freudenberg
838
Laderen
Kammelenbergstr.
Sankt Georgenstr.
Weniger-weier
842
St.-Georgenstr.

IMPRESSUM

2. Auflage 2024 Verlagsnummer 1c ISBN 978-3-99121-475-5

Text (sofern nicht anders angegeben): Christine Jacobi

Titelbild: Der Bodensee (©Ralf - stock.adobe.com)

Action
Zeppelin: © Deutsche Bodensee Tourismus GmbH
SUP in Friedrichshafen: © Deutsche Bodensee Tourismus GmbH
Aktiv
Radfahren in Hagnau: © Tourist-Information Hagnau
Kanufahren in Immenstaad: © Tourist-Information Immenstaad
Kinder
Pfänderbahn: © Pfänderbahn AG, Foto: Otmar Heidegger
Hohentwiel: © Internationale Bodensee Tourismus GmbH, Foto: Achim Mende
Natur
Naturdenkmal Sandplatte: © Raphaela Moczynski
Mettnau-Park am Bodensee: © Marc Kunze/www.fotolia.de
Schlechtwetter
Zeppelin Museum: © Zeppelin Museum, Foto: Michael Fischer
Stiftskirche St. Gallen: © Klaus Eppele/www.fotolia.de
Seite 21: © Raphaela Moczynski
Seite 22: © XtravaganT/www.fotolia.de
Seite 23 oben: © Deutsche Bodensee Tourismus GmbH; unten: © ARochau/www.fotolia.de
Seite 24: © berggeist007/www.pixelio.de
Seite 25: © Raphaela Moczynski
Seite 26: © Manuel Schönfeld/www.fotolia.de
Seite 27: © Dr. Klaus-Uwe Gerhardt/www.pixelio.de

Alle Angaben und Routenbeschreibungen wurden nach bestem Wissen gemäß unserer derzeitigen Informationslage gemacht. Die Wanderungen wurden sehr sorgfältig ausgewählt und beschrieben, Schwierigkeiten werden im Text kurz angegeben. Es können jedoch Änderungen an Wegen und im aktuellen Naturzustand eintreten. Wanderer und alle Kartenbenützer müssen darauf achten, dass aufgrund ständiger Veränderungen die Wegzustände bezüglich Begehbarkeit sich nicht mit den Angaben in der Karte decken müssen. Bei der großen Fülle des bearbeiteten Materials sind daher vereinzelte Fehler und Unstimmigkeiten nicht vermeidbar. Die Verwendung dieser Wanderkarte + Aktiv Guide erfolgt ausschließlich auf eigenes Risiko und auf eigene Gefahr, somit eigenverantwortlich. Eine Haftung für etwaige Unfälle oder Schäden jeder Art wird daher nicht übernommen. Für Berichtigungen und Verbesserungsvorschläge ist die Redaktion stets dankbar. Korrekturhinweise bitte an folgende Anschrift:

KOMPASS-KARTEN GMBH
Karl-Kapferer-Straße 5, A-6020 Innsbruck
www.kompass.de/service/kontakt

KOMPASS APP

Diese Karte einfach in der App freischalten und loswandern.

Alle Details und den Code gibt es auf Seite 2.

www.kompass.de/app/karte

KOMPASS

mehr als eine Wanderkarte

Wanderkarte

Wo der Asphalt endet, beginnt KOMPASS. Jetzt noch übersichtlicher und besser lesbar.

Detailkarten

Mehr Informationen wie Straßennamen und Wegpunkte für Gebiete wo Details gefragt sind.

Aktiv Guide

Was gibt es in der Region zu entdecken? Wir verraten es Dir im Aktiv Guide.

Gratis App

Immer wissen, wo Du bist – die einzig echte Wanderkarte für Dein Smartphone.

Panoramakarte

– das Meisterwerk auf der Rückseite.

ISBN 978-3-99121-475-5

9 783991 214755

€ 12,95

WK 1c

Als praktische Ergänzung gibt es die **KOMPASS-Wanderkarten-APP:**

KOMPASS

GET IT ON Google Play

Download on th App Stor